Ib Molbech

Min ungdoms vilde rejser

Strejftog under fremmede himmelstrøg

Ib Molbech

Min ungdoms vilde rejser

Strejftog under fremmede himmelstrøg

Redaktion Dan Ole Faaborg

Forlag: BoD · Books on Demand, Strandvejen 100, 2900 Hellerup, bod@bod.dk

Tryk: Libri Plureos GmbH, Friedensallee 273, 22763 Hamborg, Tyskland

ISBN: 978-87-7114-101-6

FORORD

Jeg skrev denne lille bog i første omgang til mit barnebarn Lilly, men jeg vil også gerne delagtiggøre resten af mine slægtninge i mine oplevelser i mine yngre dage.

Derfor har jeg opdateret stoffet hos Books on Demand og bogen er nu en rejsebeskrivelse om spændende oplevelser, også uden for Europa.

Jeg ønsker jer alle god læselyst! Husk, at fortællinger af denne type er ved at blive en mangelvare.

De gode gamle 'Bedstefar fortæller' historier bliver nu ofte erstattet af produkter fremstillet med AI kunstig intelligens.

Men jeg synes, at alle fortjener den ægte vare.

Kapitel 1
Knallertrejser

I maj 1959 var jeg 15 år, og alle mine venner på omkring 15-16 år havde knallert. Nogle havde boret deres, andre havde 'hakket' dem for at få dem til at køre hurtigere. Det var forbudt, men man tog chancen. Jeg ville også gerne have en knallert, og jeg havde ingen planer om at ændre på den.

Man skulle godt nok være 16 år for at køre på knallert i Danmark, men i min fars kolonihave måtte jeg gerne køre, sagde min far, så det gjorde jeg, mens jeg drømte om længere ture. Sommeren nærmede sig, og jeg blev først 16 år til september, men i Tyskland måtte man køre som 15-årig. Altså skulle jeg til Tyskland i sommerferien.

På et europakort havde jeg med en lineal målt afstanden København-Barcelona i Spanien i cm, og når jeg så gangede med kortets størrelsesforhold, fandt jeg, at i lige linje var afstanden ca. 2000 km. Fint nok, knallerten kørte 30 km/t, jeg kørte 10 timer om dagen, så jeg tilbagelagde 300 km dagligt. Altså til Barcelona på en uge.

Skolens sommerferie var på 6-7 uger, så hvad skulle jeg bruge resten af tiden til? Jo, jeg kunne jo fortsætte til Gibraltar, det ville kun tage højst en uge mere. Med færge kunne jeg være i Nordafrika kun 14 dage efter afgang fra København. Slet ikke umuligt. Hjemrejsen kunne så gå via Tunis og Sicilien.

Jeg husker ikke, om jeg havde udmalet hele programmet for mine forældre. Over for dem var målet bare Barcelona, men der var ingen indsigelser. Det måtte jeg gerne.

Min mor overvågede pakningen af knallerten. Vigtige ting som pas papirer, fotografiapparat og penge blev fordelt i forskellige saddeltasker, skuldertaske og en større pakke på bagagebæreren. Pengene blev fordelt i 4 kuverter 4 forskellige steder.

Jeg var jo stadig for ung til at køre gennem Danmark på knallert, så jeg benyttede mig af et DSB-tilbud, der gav alle skoleelever en årlig frirejse. Jeg bestilte altså en gratis billet København-Padborg og sendte knallerten som rejsegods.

Den 26. juni 1959 var der afgang. Ankommet til Padborg ville jeg trække knallerten til grænsen, og jeg begav mig også afsted. Det trækkeri blev hurtigt for træls. Jeg traskede af sted på en temmelig mennesketom landevej, og efter kort tid satte jeg mig op på knallerten og kørte afsted. 100 m før grænsen stod jeg af og trak knallerten igen. Intet problem, og snart kørte jeg i Tyskland.

Jeg passerede byen Slesvig og senere Rendsburg. Her fik jeg en advarsel. Det havde regnet lidt, og gaden var våd. Det var en brostensgade. Små glatte brosten, som man så i mange byer her kun 14 år efter 2. Verdenskrig. En behersket nedbremsning var nok til, at knallerten skred ud og væltede. Vi skred hen over de våde brosten og standsede uden ulykke eller problemer. Blot en advarsel.

Men nu gjaldt det Hamborg. Billeder fortalte, at vandrehjemmet var nyt og lækkert. Det hed *Auf den Stintfang* og lå smukt ned til Elben.

Der var bare det problem, at selv om det var nyt og stort, var det ikke stort nok.

Jeg blev henvist til noget, de kaldte Notlager. Jeg skulle sejle ud til en stor gammel fabriksbygning, der lå på en ø, der hed Finkenwerder. Fabriksbygningen var enorm. Fyldt med 3-etages køjesenge, der alle var besat med unge. Der var nok mindst 300 sengepladser. Jeg var nervøs over muligt tyveri – også af min knallert, som jeg havde efterladt på havneområdet i Hamborg.

Men det gik fint, og næste dag havde jeg afsat til at være turist i Hamborg.

Næste morgen tog jeg færgen ind til Landungsbrücken igen, og begav mig til fods til Reeperbahn, som jeg havde hørt omtalt som et interessant sted med frække damer. Det var ved middagstid, og som jeg kom gående blev jeg antastet af uniformerede mænd, der opfordrede mig til at besøge deres værtshus.

Efter et stykke tid gav jeg efter for en opfordring. Jeg måtte jo se, hvad det var for noget. Jeg blev vist ned i et tomt kælderlokale – det var nok for tidligt på dagen. Jeg satte mig ned ved et bord og bestilte en cola. Kort tid efter kom en ung pige, satte sig ved siden af mig og spurgte, om jeg gav en drink. Det så jeg ingen grund til, og jeg afviste det pænt. Hun trak på skuldrene, rejste sig og sagde blot 'Schade'.

En nat mere på nødlageret på Finkenwerder, og jeg måtte videre. Nu mod Bremen.

I første omgang gjaldt det om at komme rigtigt ud af Hamborg, men efter et par fejl fandt jeg omsider den rigtige vej, der førte mig til Buxtehude, hvor jeg besluttede mig for at overnatte på det hyggelige vandrehjem, der lå i et ældgammelt fængsel.

Der var allerede kommet en skoleklasse på lejrskole – skolerne i Tyskland holder senere sommerferie, end vi gør.

Det var en 7. klasse, og ved aftensmaden sad de alle bænket ved et langt bord i det runde tårnværelse. Der var netop plads til mig for enden af bordet, og på opfordring satte jeg mig der. Ingen begyndte at spise før læreren havde bedt bordbøn, og alle havde rejst sig, holdt hinanden i hænderne og mumlet nogle ord.

Denne kæde af elever, der holdt hinanden i hænderne, skulle ikke afbrydes ved mig, så jeg deltog også og rakte hånden til mine 2 sidemænd. Det blev modtaget med smil.

Senere hyggede jeg mig sammen med eleverne – særlig var det en pige (ca. 13-14 år), der viste mig interesse, hun inviterede mig ud at gå en tur, og så var det hånd i hånd igen.

Næste dag var det videre mod Bremen igen. Efter et par timer begyndte det at regne, og jeg standsede ved en ladvogn for at finde regntøjet frem.

Vandrehjemmet i Buxtehude

Ladvognen

Videre, og efter 1 times tid regnede det ikke mere, så regntøjet skulle pakkes ned igen. Men min skuldertaske var væk. Enten var den faldet af under kørslen, eller den lå tilbage i ladvognen. Jeg måtte tilbage. Langsomt kørte jeg tilbage og holdt nøje øje med vejen og rabatten. Til sidst undersøgte jeg ladvognen grundigt. Ingen skuldertaske. Endelig kørte jeg strækningen frem og tilbage igen. Uden resultat.

Jeg måtte melde den tabt eller savnet til nærmeste politi, som netop var i Buxtehude, hvor jeg havde overnattet. Jeg fortalte om tasken med indhold. Der var ¼ af mine penge. Mit pas. Mit fotografiapparat og flere mindre betydende ting. Men det var også rigeligt.

Politiet fortalte mig, at jeg måtte regne med, at tasken og tingene var stjålet, for det var ikke kun kontanterne og fotografiapparatet, der var værdifulde, men passet var måske det mest værdifulde. Det kunne smugles til Østtyskland, hvor det kunne ændres og hjælpe en østtysker til Vesten. Hvad passet angik, mente de, at jeg skulle tage til den danske ambassade i Hamburg og tale med dem. Det var ikke så godt, men jeg kørte tilbage til Hamburg og fandt ambassaden, som var et generalkonsulat.

Her fortalte man mig, at hvis jeg blev i Tyskland skulle jeg ikke bruge pas, så det kunne jeg jo bare gøre. Når jeg så var færdig med min knallertferie, skulle jeg komme tilbage til generalkonsulatet, så ville de udstyre mig med et nødpas til at komme hjem på.

Jeg forlod konsulatet og kørte tilbage til Buxtehude. Det hele var jo ikke totalt smadret. Jeg kunne vel klare mig med de penge, jeg trods alt havde tilbage, og hvis jeg ikke måtte forlade Tyskland, skulle landet gennemrejses fra nord til syd og fra vest til øst.

Altså mod syd langs Holland, Belgien, Luxemburg og Frankrig.

I Sydtyskland ville jeg køre mod øst langs grænserne til Schweiz og
Østrig. Derefter igen mod nord langs grænsen til Tjekkoslovakiet og
Østtyskland.

Så jeg kørte mod vest, og den første overnatning blev i byen Verden. Undervejs havde jeg spist frokost på en af de utallige landevejskroer, der fandtes dengang.

En af de utallige landevejskroer. Der er desværre ikke mange tilbage.

Frokosten bestod som altid af en plade chokolade og en cola. Chokolade var dejligt og enkelt og colaen var nyt og spændende. Den var endnu ikke indført i Danmark, men man havde hørt om den, og her havde jeg lejlighed til at smage. Den var god.

Det var vel ikke det mest vel nærende måltid, men vandrehjemmene sørgede for resten. Når man kom frem om aftenen, kunne man købe et meget billigt varmt måltid, og næste morgen var der rimelig god og nærende morgenmad.

I Verden var der ikke meget at se, og næste dag kørte jeg videre til Bielefeld. Når jeg mødtes med tyskere, foregik samtalen jo på tysk.

Jeg havde haft tysk i 2 eller 3 år i skolen, og havde allerede været udenlands 2 gange. 1. gang var skoleklassen på oplevelsestur til Goslar i Harzen, og her havde vi til vores store forundring forstået langt det meste en tysk kustode havde fortalt os om rådhuset og byen.

Senere, ved min konfirmation, fik jeg tilbuddet om at holde en familiefest eller deltage i en konfirmationsrejse. Dengang var det almindeligt, at der blev arrangeret rejser for konfirmanderne. Jeg valgte rejsen, og i mit tilfælde blev det til Østrig. Sproget var igen tysk.

I skolen var jeg netop blevet færdig med 4. mellem (9. klasse) og skulle efter sommerferien fortsætte i gymnasiet. Matematisk linje. I 1. g skulle vi ud over fransk kun have ét sprogfag. Engelsk eller tysk. Jeg valgte engelsk, fordi jeg følte mig bedre til tysk efter min knallerttur.

I Bielefeld var der heller ikke så meget at se på, men se så lidt på mit vandrerkort:

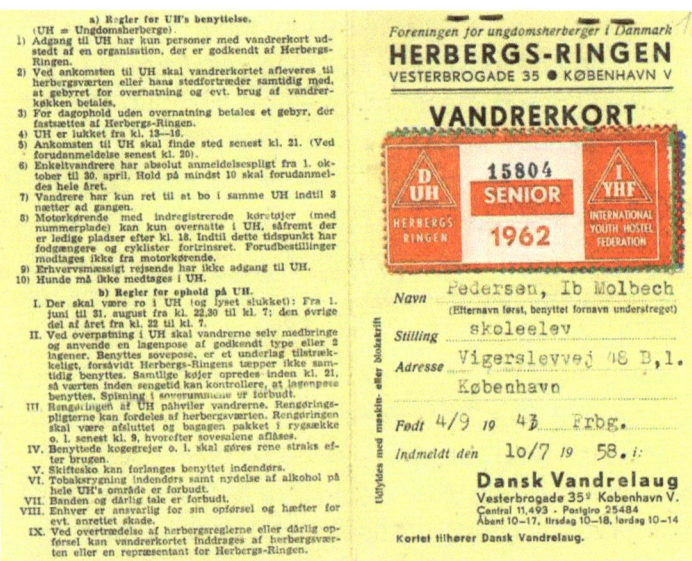

Foreningen for ungdomsherberger i Danmark

HERBERGS-RINGEN
VESTERBROGADE 35 ● KØBENHAVN V

VANDRERKORT

15804
SENIOR
1962

Navn   Pedersen, Ib Molbech
(Efternavn først, benyttet fornavn understreget)

Stilling   skoleelev

Adresse   Vigerslevvej 48 B,1.
            København

Født 4/9 19 43. Frbg.

Indmeldt den 10/7 19 58. i:

Dansk Vandrelaug
Vesterbrogade 35° København V.
Central 11.493 - Postgiro 25484
Åbent 10—17, tirsdag 10—18, lørdag 10—14

Kortet tilhører Dansk Vandrelaug.

Læg mærke til årstallet. Kortet er brugt sidst i 1962.

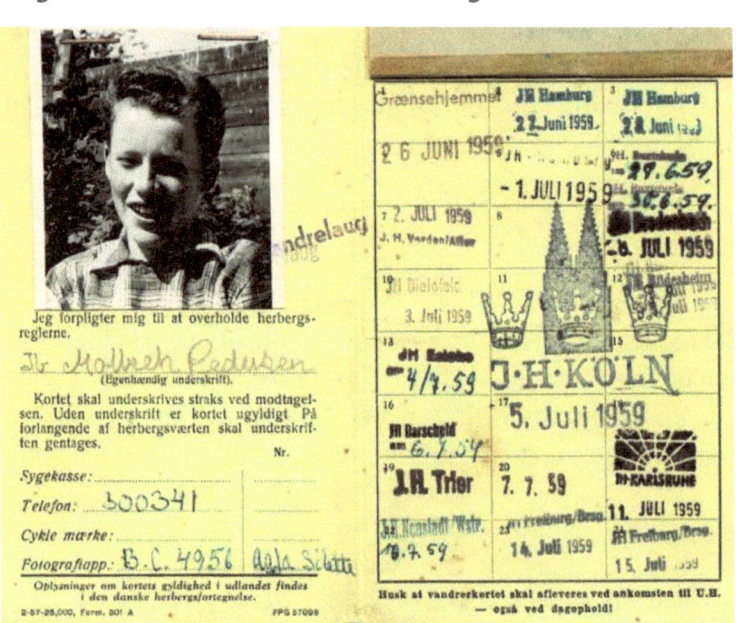

Jeg forpligter mig til at overholde herbergsreglerne.

Ib Molbech Pedersen
(Egenhændig underskrift)

Kortet skal underskrives straks ved modtagelsen. Uden underskrift er kortet ugyldigt På forlangende af herbergsværten skal underskriften gentages.

Nr.

Sygekasse: ....
Telefon: 300341
Cykle mærke: ....
Fotografiapp.: B.C. 4956 dejla Silette

Oplysninger om kortets gyldighed i udlandet findes i den danske herbergsfortegnelse.
2-57-25.000. Form. 301 A   FPG 57099

Husk at vandrerkortet skal afleveres ved ankomsten til U.H. — også ved dagophold!

Efter Bielefeld blev det Eslohe og derefter Køln. Køln er en stor by, det glemmer man ikke så let, når man ser på stemplet i vandrerkortet. Den imponerende domkirke ligger ved siden af Køln hovedbanegård, og i 2. verdenskrig ville de allierede gerne bombe hovedbanegården, uden at det gik ud over domkirken. Det var ikke let, men det lykkedes.

Køln ligger ved floden Rhinen, som jeg kom til at stifte godt bekendtskab med. Det var spændende at se de store flodbåde, der lå så dybt i vandet, at man slet ikke kunne forstå det, og de imponerende vinmarker, der strakte sig op ad skråningerne alle vegne. Et lille skår i idyllen var de utallige fragttog, der ustandselig kom kørende på begge sider af Rhinen. Men jeg forlod Rhinen, for jeg skulle også opleve Mosel, og jeg ville begynde i Trier.

Porta Nigra (Den sorte port) i Trier –
Tysklands ældste by - er fra år 180.

Trier var en ældgammel romersk by. Spændende. Det var et ideelt sted at begynde Moselturen.

Fra Trier til Koblenz er der 176 km, hvis man følger Mosels uendelige snoninger, og det gjorde jeg. Overalt var der vinmarker med lange rækker af vinstokke op ad bakkerne. Der må have været mange millioner vinstokke, og det må have været en næsten umulig opgave at høste.

Mosel løber sammen med Rhinen i Koblenz, et sted man kalder Deutsches Eck. Og så var jeg ved Rhinen igen, hvor jeg fulgte floden modstrøms (mod syd) til Rüdesheim. Hjemmefra havde jeg hørt om Rüdesheim. Det skulle være et populært sted for mange busrejser. Vinen var billig og rigelig, og der var smukt.

Rüdesheim

Der var også en svævebane. Herfra fik man et dejligt overblik over den hyggelige by, vinmarkerne og Rhinen.

Men jeg skulle videre. Forude ventede Schwarzwald, der var et skovrigt område, der også havde mange vinmarker. Schwarzwald ligger tæt på og øst for Rhinen, der her var grænseflod til Frankrig, så jeg havde dagligt udsigt til Alsace i Frankrig. Frankrig, som jeg ikke måtte besøge.

Området ligger i den tyske delstat Baden, og hovedbyen hedder også Baden. For at undgå misforståelser skriver man ofte Baden Baden. Måske kan man spørge: Wollen wir in Baden Baden baden?

Jeg nærmede mig det sydligste Tyskland, og hovedretningen blev nu øst. Mod München. I nærheden af Schaffhausen kunne man skyde genvej gennem et relativt smalt stykke Schweiz, og hvis man kunne gøre det i løbet af 3 timer, behøvede man ikke at have pas. På tegningen på næste side er Tyskland for oven og Schweiz for neden.

 Landevejen er tegnet op med gult, og grænsen mellem Tyskland og Schweiz er rød. Det betød meget for mig, at jeg også havde rejst i Schweiz.

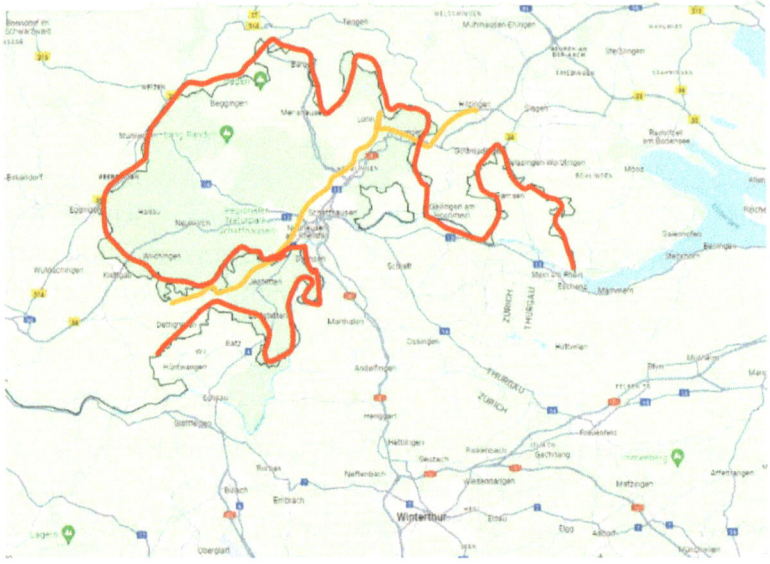

Ruten førte hen til det store Rheinvandfald ved Schaffhausen (Schweiz), og det var også en stor oplevelse. Jeg nåede gennem vejen på 3 timer og kunne notere, at knallertturen nu havde ført gennem to lande.

Inden længe var det Bodensøen. En smuk sø, der grænser op til Schweiz og Østrig. Det var i den tyske by Friederichshafen, de første luftskibe blev udtænkt og bygget så tidligt som år 1900, og der flyver stadig luftskibe eller zeppelinere rundt ved søen, til glæde for turister og reklamefolk. Flotte og interessante var, og er de.

I den videre tur mod München havde jeg altid de flotte Alper til
højre. Ved Mosel og Rhinen var jeg meget optaget af de bølgende
vinbjerge, der i størrelse var ingenting i forhold til alperne. Nu var
det alperne, og de var sneklædte og spændende.

Forude ventede München. Efter Hamborg var det Vesttysklands
største by. Berlin lå i Østtyskland og talte ikke med. München
glædede jeg mig til, og da jeg ankom, var jeg heldig at falde i snak
med en jævnaldrende dansker på vandrehjemmet. Han var
sammen med sin familie, og de skulle være en uges tid i byen, så
jeg besluttede at tage en ekstra overnatning i byen for sammen
med ham at udforske den ordentligt.

Næste dag tog vi sammen til en U-Bahn (S-tog station) for at købe et dagskort. Der var kø ved ekspeditionslugen, og vi kom til at stå bag en sød jævnaldrende pige. Jeg vovede at kontakte hende. Vi faldt i snak, og hun var meget imødekommende. Hun var også villig til at vise os lidt af byen om aftenen. Super! Men vi var jo 2, så jeg spurgte om hun ikke kunne tage en med. Hun havde en yngre Geschwister, som hun sagde, men det virkede hun ikke særlig begejstret for. Vi fornemmede nok, hun ikke havde det godt med det, men vi var da godt tilfredse, og vi aftalte, hvor vi skulle mødes.

Nu var jeg jo blevet rimelig til tysk, men der var store mangler. Mange gange måtte jeg gætte, hvad meningen var, og hvis pigen havde sagt Geschwister, havde jeg hørt det som Schwester (søster). Det lyder i hvert fald ens, men vi blev klar over fejltagelsen, da vi om aftenen mødtes med pigen og hendes *bror*. Geschwister betyder nemlig søskende.

Det blev så ikke helt, hvad vi havde forestillet os, men vi tilbragte dog et par timer til sightseeing sammen med parret.

Næste dag kørte jeg mod nord til Ingolstadt. Der var ca. 100 km. De tidligere dagsmarcher havde været omtrent det samme, en del endda kortere. Da jeg om aftenen på vandrehjemmet sad og studerede kort, slog det mig, at jeg var langt hjemmefra.

Der var langt her fra Sydtyskland og hjem, og jeg havde lidt hjemve, så jeg besluttede, at dagsmarcherne skulle være længere. Østtyskland kunne jeg ikke komme ind i. Det krævede pas. Oprindeligt havde jeg jo satset på 300 km om dagen. Nu skulle den længde afprøves.

Næste dag kørte jeg til Fulda. Ca. 310 km. Intet problem. Dagen efter til Goslar i Harzen. 240 km. Her var jeg ikke i Sydtyskland mere. Harzen er næsten Nordtyskland, og Goslar havde jeg besøgt med min skoleklasse året før. Det blev et smukt gensyn, og nu var jeg rolig igen og næsten hjemme.

Torvet i Goslar

På vej mod Hamburg besøgte jeg Celle, hvor jeg mindedes dronning Caroline Mathilde gift med vores Christian 7. Hun blev sendt i eksil, efter hun havde fået et barn med Struensee. Stor skandale, men her lå hun nu i sin sarkofag. Død i 1775.

I Hamburg skulle jeg have et nødpas på generalkonsulatet. Det viste sig, at det bare var et ark papir med forskellige stempler. Her var min forklaring nedskrevet.

Jeg ville køre mod Danmark dagen efter, 30. juli, og passet gjaldt kun den dag. Jeg blev spurgt, om jeg ville kunne nå det. 176 km, så ja, det ville kunne nås.

Og det lykkedes. Jeg kom til Danmark. I Padborg blev knallerten indskrevet som rejsegods. Imens jeg stillede mig op og ventede på toget, læste jeg de danske avisoverskrifter i kioskens vindue.

Og – sikke en nyhed: Vores statsminister Jens Otto Krag var blevet gift med den populære, kønne og søde Helle Virkner. Heldige kartoffel!

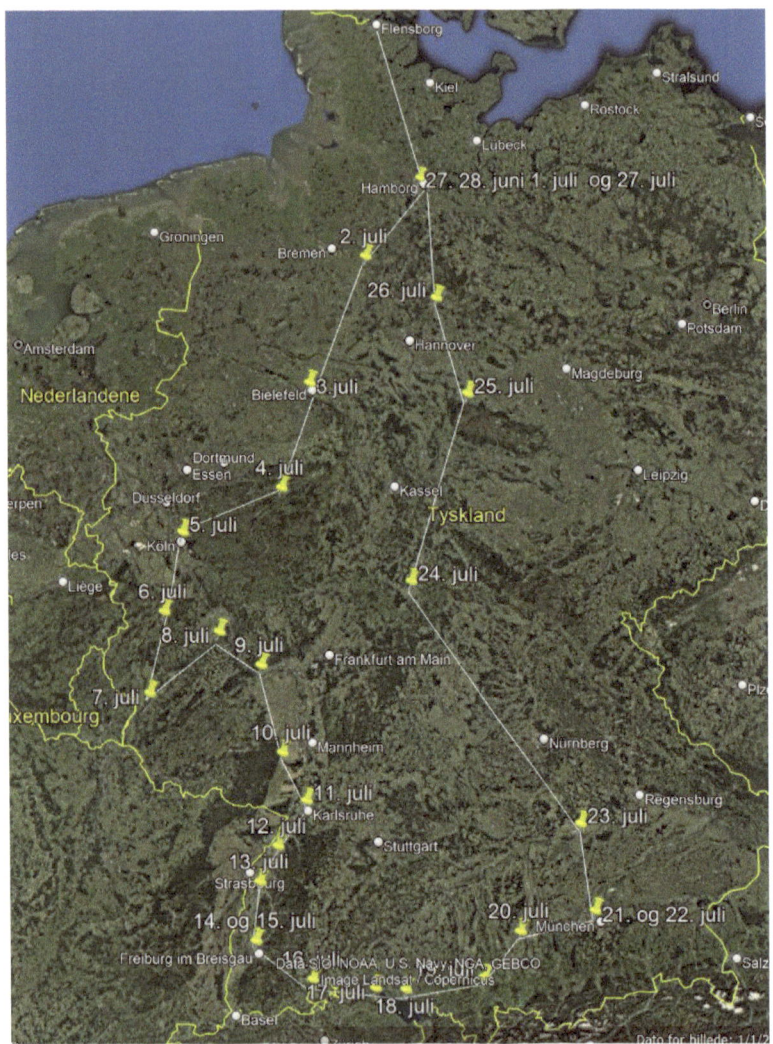

Kapitel 2

Paris på knallert, 1960.

Jeg var blevet 16 år, og lidt mere fornuftig. I år ville jeg ikke på knallert til Afrika, men lidt kortere: Til Paris.

I skolen var jeg færdig med 1. G og havde lært fransk til husbehov, så en lille smuttur til Frankrig var målet. At jeg skulle rejse alene var slet ikke et problem, det havde jeg jo ikke haft besvær med sidste år, men jeg turde ikke tale om det til mine klassekammerater. Det ville bare lyde for tosset.

Da sommerferien startede, begyndte jeg turen. Denne gang på knallert fra start. På Lillebæltsbroen punkterede jeg. Ikke noget problem, men jeg havde gennemført sidste år uden punkteringer. I Flensborg kørte jeg ind på et knallertværksted og bad om at få sat en ny original tysk cylinder på knallerten.

Moderne knallertværksted i Flensborg

Derved blev knallerten hurtigere. I 1960 måtte en knallert i Danmark højest køre 30 km/t, og de knallerter, som tyskerne havde solgt til Danmark, var konstrueret, så de ikke kunne køre hurtigere. Nu kunne jeg køre 40-45 km/t lige som tyskerne.

Jeg fik den aftale med værkstedet, at når jeg vendte hjemad, skulle de bytte cylinderne om igen, så jeg kørte lovligt i Danmark.

Og så gik det ellers derud af. Retning Holland. I 1957 havde min far, min bror og jeg cyklet en tur: Med færge til Aarhus. Derefter Mols, Skagen og Aalborg og med færge hjem. Undervejs havde vi et pænt stykke fulgtes ad med Henk, der var på cykel fra Holland og alene i Danmark. Det havde været et godt bekendtskab, og nu da jeg var i nærheden af Holland, skulle jeg da besøge Henk.

Vi fik snakket om vores fælles Jyllands-tur, og han viste mig en Hollandsk skole, der havde børn fra Amish folket, eller mennonitterne, som de hedder i Holland. Børnene havde frikvarter, og legede helt naturligt i deres smukke egnsklæder.

Jeg var på vej til Amsterdam, og jeg ville sejle over Zeudersøen. Spændende. En hollænder fortalte om Hollands omfattende dige-byggeri. Når man skulle bygge et dige, begyndte man i midten af området og arbejdede sig mod kysterne. Du og jeg, sagde han, ville begynde ved kysterne og arbejde os udad. Det måtte jeg give ham ret i.

Efter Amsterdam var det retning syd. I Bruxelles i Belgien kom jeg forbi Atomium, som jeg fra TV kendte hjemmefra.

Senere blev det Frankrig. Da jeg kun manglede godt 160 km til Paris, søgte jeg om aftenen ind på vandrehjemmet i Saint-Quentin, og her traf jeg Knud Dittmer fra Vejle. Knud var også på knallert, han var også alene, og han ville også til Paris. Det var oplagt, at vi slog os sammen. Den eneste forskel var, at han havde et lille telt med, og det var meningen, at han skulle bo i teltet på en lille campingplads midt i Paris. Der var også plads til mig i teltet, så det var jeg med på.

Næste morgen begav vi os af sted. Ret hurtigt irriterede det os, at knallerterne ikke kørte lige hurtigt. Til sidst tog vi konsekvensen og stoppede ved en benzintank. Her spurgte vi, om vi ikke kunne få lov til at parkere vores knallerter en måneds tid. Så ville vi fortsætte til Paris på tommelfingeren, og som sagt vende tilbage og hente knallerterne en måned senere.

Flinke mennesker. Det måtte vi godt, og vi tog bagagen på ryggen, og stillede os op og blaffede.

Vi var heldige, for inden længe standsede en lastbil og tog os op. Der var god plads for os begge ved siden af chaufføren. Vores franske var ikke så godt, så det var begrænset, hvad vi kunne tale om, men ca. 25 km fra Paris mente jeg, at jeg kunne se Eiffeltårnet. Det havde vi læst om i fransk i gymnasiet, og jeg udbrød: La tour Eiffel! No, no svarede chaufføren. Ikke endnu. Men det var Eiffeltårnet, og vi nærmede os hastigt.

Chaufføren standsede på et tidspunkt, og sagde, at her skulle han til højre ad omfartsvejen, og vi skulle mod centrum. Hvis vi fortsatte ligeud ca. 300 m ville vi komme til en metrostation, og herfra kunne vi komme overalt i Paris. Vi takkede meget og begav os afsted. Kort efter nærmede vi os en ejendom, hvor der hang en ung pige ud af et vindue på 1. sal. Hun var i gang med at vaske vinduer.

Vi ville gerne vinke til hende, men ingen af os turde. Vi blev enige om at vinke samtidig, og underet skete: hun vinkede tilbage. Paris havde budt os velkommen.

Akvarel af Astrid Edberg Jensen

Vi fandt metrostationen, og det virkede ikke svært at sætte sig ind i metrosystemet. Campingpladsen lå ved Hôtel des Invalides på venstre Seinebred, og der var vi snart. Men vi kunne ikke finde campingpladsen. Vi spurgte os for, men der var jo problemer med sproget. Til sidst måtte vi erkende, at den campingplads var nedlagt for mange år siden. Vi gik lidt rundt, mens vi overvejede vores muligheder. Vi havde hørt, at der var en stor campingplads ude i Bois de Boulogne, men vi ville nødig ud i en skov, vi ville helst blive i Paris.

Pludselig blev vi tiltalt på dansk. Vi var gående forbi en fortovsrestaurant, hvor der sad en ung dansk pige, måske au-pair.

Hun ville gerne hjælpe os. Hvis I fortsætter ligeud, sagde hun, kommer i til Rue Jacob. På højre side ligger et lille billigt hotel, der kan I bo i det mindste i nat, så kan I bedre tænke over situationen.

Vi fandt hotellet. I receptionen var der en flink og hyggelig far-figur, der forstod vores problem og tilbød et dobbeltværelse med indgang direkte fra receptionen og derfor nok lidt billigere. Ville vi have kaffe og croissant til morgenmad? Ja tak. Klokken 8 eller 9? Tak kl. 8 passer os fint. Næste morgen bankede han på døren kl. 8 og afleverede en bakke med kaffe og croissanter. Men vi vendte os om på den anden side og indtog morgenkaffen kl. 10. Og det gjorde vi hver dag, for vi blev boende.

Det var nemlig rimelig billigt, og receptionisten, som nok var hotelchefen selv, var dejlig rar. Når I nu skal bestille mad på en restaurant, sagde han, så skal i fortælle om kødet skal være stegt *saignant, a point, eller bien cuit*. Overhovedet kom han med små leveregler på en afvæbnende måde.

For at få nogle gode idéer besøgte vi Det danske Hus på Champs Elysées. Man skulle ikke gå ind ad hovedindgangen til den fine restaurant, men ad en sidegade hvor Den Danske Kirke ligger. Herfra kom man op til nogle dagligstuelignende værelser, hvor danskere – vel især de danske au-pair-piger – kunne hygge sig i hinandens selskab og læse danske aviser.

Det blev et fast formiddagspunkt at besøge 'Huset'. Søde piger, der havde fri om formiddagen, men også en spændende fyr, der var utrolig grim, men overmåde underholdende. Jeg lærte, at mænd ikke behøvede at være flotte, blot de havde ordene i deres magt.

Han levede af at sælge engelske aviser til de engelske turister, og han hjalp os til også at komme i gang. Aviserne skulle sælges for 35 cents, og de første 50 eksemplarer vi fik udleveret, var gratis, så hele salget var fortjeneste. Og vi kunne bede om flere aviser. Nu var der lige det problem, at når de engelske kunder betalte et eksemplar til 35 cent, skulle de jo have 15 cent tilbage, når de betalte med en 50'er. Det var noget bøvl, så vi oplyste jo, at prisen var 50 cent. Englænderne var jo ikke kendt med de franske priser.

Hver dag hentede vi vores aviser og gik i gang med salget. Jeg havde fundet mig en plads ved indgangen til Louvre (Mona Lisa), og hvis ikke salget gik godt der, vandrede jeg ned ad Champs Élysées og havde salg mellem bordene på udendørsrestauranterne. En gang imellem tog vi en aftentur til Place Pigalle, hvortil også englænderne søgte. Her solgte vi de sidste aviser og blinkede til pigerne.

Sproget var ikke noget problem. De engelske kunder troede vi var franskmænd, mens franskmændene troede vi var englændere.

Sådan gik 3 hurtige uger. En formiddag sad vi som sædvanligt i Det danske Hus og læste avis. Her kunne vi se, at Vejle skulle spille fodbold om 4 dage på Vejle stadion. Knud var lidt af en lokalpatriot og ville gerne hjem og se kampen. Kan vi køre hjem på 3 dage? – Vi forsøger.

Vi stod tidligt op efter vores sidste nat i Paris. Med metro så langt mod nord som det var muligt og derefter blaffe. Det gik ikke så godt. Time efter time stod vi uden held, men efter 4 timer kom vi op. Efter et par skift nåede vi også benzintanken, hvor vores knallerter stod og ventede på os, og de kunne stadig køre. Flinke tankpassere!

Det var dejlig varm sommer, så vi kørte hele dagen og aftenen med. Vi overnattede i grøfter undervejs – ikke noget problem. Tidligt op næste morgen og afsted igen. Det gik rigtig godt, men fodboldkampen kunne vi ikke nå. I Flensborg skulle jeg ind på knallertværkstedet og have byttet min tyske cylinder ud med den danske, som de havde gemt for mig. Så måtte jeg vænne mig til en mere behersket hastighed. Min tyske cylinder fik jeg med hjem – hvis jeg skulle få brug for den en anden gang.

Videre mod Vejle. Jeg blev hos Knud et par dage, hvor jeg hilste på hans forældre. En dag dukkede en journalist op, der havde hørt, at vi havde haft en parisertur, så vi kom også i avisen.

Men jeg skulle videre til København. Det blev over Lillebæltsbroen, og her punkterede jeg igen. Der er noget galt med den Lillebæltsbro!

Her udveksler de to eks-avissælgere Ib Melbech, Valby (til venstre) og Knud Dittmer, Mølholm, rejse-oplevelser fra den usædvanlige Pariser-færd

I august begyndte skolen igen, og jeg kørte hver dag de 10 km fra Valby til skolen i Gentofte og retur.

På et tidspunkt blev det for langsomt for mig, og en ven hjalp mig med at skifte cylinderne igen. Det var skønt at kunne køre 40-45 km/t igen.

Lige ind til den dag, hvor jeg blev standset af politiet. Jeg prøvede at forklare, at jeg havde været i Tyskland, og havde fået min cylinder ødelagt. Den nye cylinder havde jeg fået indsat dernede, det kunne vel ikke være ulovligt?

Jo! 300 kr. i bøde og cylinderen konfiskeret.

KAPITEL 3

Rejseleder

Min far må have fortalt om mine knallertrejser på sit arbejde. Der var åbenbart en af hans kollegaer, der havde kontakter hos DSB, for en dag kom han hjem og fortalte, at jeg skulle møde til samtale hos DSB's Selskabsrejser. Det fik senere navneændring til DSB Tours.

Her blev jeg tilbudt en stilling som rejselederassistent den kommende sommer 1961, jeg var 17 år og gik i gymnasiet. Men ja, det ville jeg gerne. Min første rejse gik til Boppard ved Rhinen, og min kollega blev kaldt Tyroler-Hansen. Han var gammel i gårde, og havde, som navnet siger, haft mange rejser til Tyrol. Her skulle han lære mig håndværket. Der var musik og dans om aftenen på hotellet, og første aften deltog vores selskab i dansen. Tyroler-Hansen var først på dansegulvet, og da dansen var slut, sagde han til mig, at min opgave var at danse med **alle** damerne i gruppen. Det var lidt af en opgave. DSB's gæster hørte ofte til den mere modne del af befolkningen, og jeg følte, at der kun var ganske få under 50 år.

Men det gik udmærket. Jeg kom også til Mosel og Italien, og blev alle steder taget godt imod af kollegaerne.

Næste år, 1962, var jeg blevet 18 år, og måske derfor fik jeg mine egne opgaver. DSB havde en destination i Calella i Nordspanien. Spanien, især Mallorca, var populær i 60'erne, og selv om mange var begyndt at flyve på ferie, var der stadig en del, der gerne rejste med tog. Jeg fik opgaven at bringe og hente gæsterne. Emilienne Olsen, en moden dame, var rejseleder på stedet.

Fredag mødte jeg op på DSB's kontor i København og fik udleveret papirer, penge og meddelelser, hvis noget ikke var normalt. Kl. 22 fredag mødte jeg gæsterne på Hovedbanegården. Her blev de anvist liggevognspladser eller sovevognspladser. De fleste havde liggevogn, af og til havde jeg slet ikke gæster i sovevognen.

Turen begyndte ganske roligt. Folk gik i seng og toget kørte til
Gedser eller Rødby, hvor toget blev overført til Tyskland. De fleste
af gæsterne sov. Et sted i Tyskland vågnede man, nu var det blevet
lørdag, og i Basel skulle der skiftes tog. Man befandt sig i den
allerbageste vogn i et meget langt tog, og de bageste vogne skulle
frakobles, samtidig med at der blev tilsat nye vogne foran, som vi
skulle fortsætte i. DSB betalte altid for dragerassistance, men her
var ikke tid til andet end hurtig gang fremad på perronen slæbende
med bagagen, og med forberedt indstigning i nærmeste vogn, hvis
der lød fløjte. Det var stressende, men det gik. Altid.

Dernæst en kort togtur til Bern, hvor vi indskrev bagagen i et
depot, og gik i samlet flok ned ad hovedgaden for at beundre
bjørnen.

Senere kørte vi til Geneve, hvor vi også indskrev bagagen og gik ud og så på byen. Geneve by ligger for enden af Geneve sø. I søen har schweizerne opført et springvand, der efter sigende oprindeligt var verdens højeste. Det ville amerikanerne ikke lade sidde på sig – de vil altid være størst, så de byggede et springvand, der sprang højere. Schweizerne skruede ganske enkelt bare op for trykket i Geneve, så var deres størst igen. USA opgav derefter.

Nu var det blevet aften, og vi fandt vores tog, der blev trukket af et stort og kraftigt damplokomotiv.

Vi fandt vores liggevogn eller sovevogn og gjorde klar til nat nummer 2.

I Frankrig kørte vi altid med damptog.

Da det blev morgen, var vi fremme i Port Bou, der er den spanske jernbanestation ved den fransk/spanske grænse. Toget kørte ikke længere, for de spanske jernbaneskinner var bredere, end vi var vant til. Den, der havde udtænkt konceptet med turen, havde forestillet sig, at det var bedst at køre resten af turen i bus frem for her at skifte til et spansk tog og køre 100 km for derefter at køre med bus det sidste stykke til hotellet.

I Port Bou trådte vores aftale med den stedlige drager i kraft. Han ventede altid på togets ankomst, for han vidste, at når vi ankom, havde vi brug for hans hjælp til at få transporteret bagagen ned til morgenmadsrestauranten, der lå ved foden af en masse trapper.

Vi forlod derfor jernbanen og fandt vores lille morgenmadsrestaurant, hvor vi var ventet og hvor man serverede morgenmad for os. Udenfor holdt bussen og blev læsset med vor bagage.

Før frokost søndag, var vi fremme i Calella hos rejseleder Emilienne Olsen.

Port Bou

Efter frokost i Calella sagde jeg pænt farvel til gruppen og kørte med dem, der nu skulle hjem, tilbage til Port Bou, hvor de samme jernbanevogne, som vi om morgenen var ankommet med, kørte os til Geneve. Videre derfra over Bern, Basel til København, hvortil vi ankom tirsdag morgen.

Sådan gik det normalt.

Her vil jeg berette om en rejse, der ikke udviklede sig normalt.

Problemfyldt rejse til og fra Calella.

En fredag formiddag mødte jeg som sædvanligt op på DSB-kontoret for at modtage papirer og instruktioner vedrørende aftenens afrejse mod Calella. Alt var normalt, og som det plejer at være, ind til Jørgensen (min chef) nævnte, at han havde hørt, der skulle være togstrejke i Frankrig. Men det ville sikkert være slut, når vi kom. Under alle omstændigheder skulle jeg ikke nævne noget for gæsterne. Der var for øvrigt 12 i liggevognen og 2 i sovevogn.

Om aftenen hilste jeg på gæsterne. De var forventningsfulde og glade. Ægteparret i sovevognen var tilfredse med deres kupé og mandens mindre handicap med et stift ben var ikke et problem.

Turen i Schweiz forløb som sædvanligt. Vi så bjørnen i bjørnegrotten i Bern og nød Geneve med sø og springvand. Det franske tog kørte som sædvanligt til perronen om aftenen, og vi kørte ind i Frankrig. Der var åbenbart ingen strejkeproblemer.

Midt om natten blev alle vækket. Klokken var vel 4 og vi holdt stille ved en jernbanestation i Sydfrankrig. Alle ud på perronen, toget kører ikke længere. Der vil måske komme et andet tog, man kan køre med. Jeg fik samling på holdet. Også ægteparret fra sovevognen, og vi gav os til at vente. Vores tog rangerede væk, men ret kort tid efter kom et andet tog, som vi forstod ville køre os til Port Bou.

Det var en lettelse. Vi gik op i det andet tog og talte om situationen, men vores nye tog blev holdende. Så sagde manden fra sovevognen pludseligt, at han havde glemt sit ur i sovevognskupéen. Et guldur.

Det henter jeg, sagde jeg, og væk var jeg. På tværs af sporene, igennem flere holdene parkerede tog, men jeg fandt vores tog og sovevogn. Mens jeg ledte efter gulduret, lød afgangsfløjten fra vores nye tog, og jeg spænede tilbage, men jeg nåede det ikke. Toget, gæsterne og min bagage var væk. Jeg stod alene i Sydfrankrig uden hverken pas, papirer eller penge. Det vil sige, lidt penge havde jeg i min egen pung, men DSB's penge, som jeg brugte til dragere og mad til gæsterne i spisevogn, befandt sig nu i en skuldertaske sammen med gæsterne på vej til Spanien.

Jeg gik ind i stationens ventesal, hvor jeg kunne se togafgangene, og der gik et tog en times tid efter, som jeg ville forsøge at tage. Så bestilte jeg en kop kaffe og tænkte mulighederne igennem. Hvis det gik rigtig godt, ville gæsterne komme til Port Bou, hvor de ville stå af. Drageren ville se efter mig, men han ville nok forstå, at der var sket noget uventet. Så ville han tage sig af bagagen som han plejede og lede gæsterne ned til morgenmadsrestauranten, hvor de kunne få morgenmad. Udenfor holdt bussen, som så ville køre holdet til Calella og Emilienne Olsen.

Hvis det gik godt.

Da mit tog kom, gik jeg ind. Ingen bagage og med en utrolig forklaring til billettøren. Men forklaringen var åbenbart god nok, for jeg fik lov at køre med uden billet. Da jeg kom til Port Bou, listede jeg mig uden om paskontrollen og steg på et spansk tog. Her lykkedes det mig også at rejse gratis. I Calella stod jeg af og gik til hotellet, hvor jeg traf holdet. De havde klaret rejsen, som jeg havde håbet og troet.

Om eftermiddagen rejste jeg hjemad med 'det gamle' hold. Undervejs blev vi koblet sammen med sovevognen fra udturen, og her kunne den sovevogns ansvarlige fortælle mig, at han havde fundet gulduret. Nu glædede jeg mig til at fortælle den gode nyhed, når jeg skulle hente holdet om en uge.

Undervejs skrev jeg også den obligatoriske rejselederrapport til min chef. Jeg var meget spændt på hvad reaktionen blev.

En lille uge senere.

Næste fredag mødte jeg op på kontoret. Hvordan ville Jørgensen reagere på min rejselederrapport fra sidste uge? Svaret er: slet ingen reaktion. Han nævnte det ikke med et ord.

Måske var jeg bare selvoptaget. På chefgangen var der jo nok større problemer.

På udrejsen var der i hvert fald ingen problemer, det hele gik som det skulle. Vel ankommet til Calella kunne jeg overrække gulduret til manden fra sovevognen, manden med det dårlige ben. Det blev han naturligvis meget glad for.

Vi startede hjemrejsen. Først med bus til Port Bou. Men denne bus nåede ikke til Port Bou. Den gik i stå undervejs og var ikke til at starte igen. Det var naturligvis et problem, men vi forlod altid Calella i god tid, så vi var ikke presset tidsmæssigt.

Chaufføren opgav, og han blaffede videre til Figueras, hvor han ville chartre en anden bus, hente os og fortsætte mod Port Bou.

Vi ventede og ventede, og efterhånden følte jeg mig alligevel lidt tidspresset. Buschaufføren kom ikke….. Til sidst turde jeg ikke vente længere og aftalte med gæsterne, at vi skulle forsøge at nå et tog ved jernbanestationen i Figueras ved at blaffe. Alle accepterede løsningen – også manden med det dårlige ben. Han betingede sig bare, at han fik plads på et forsæde.

Det gik bragende godt. I løbet af et kvarter var alle taget op. Jeg kunne jo ikke spansk, men jeg havde brugt 2 ord, som åbenbart blev forstået af alle chaufførerne: Estation Figueras. Jeg blev selv stående som den sidste, og da jeg kom til perronen i Figueras, stod hele gruppen samlet og ventede. Kort tid efter kom et tog, der bragte os til Port Bou, og her nåede vi vores tog mod Geneve.

Da vi tog afsked med hinanden på Københavns Hovedbanegård, sagde manden med benet, at hvis jeg i fremtiden kunne love en så oplevelsesrig rejse, ville han med igen.

Som altid havde jeg brugt hjemrejsen til at nedskrive min rejselederrapport. Nu var jeg spændt på reaktionen.

Ingenting. Slet ingenting.

Grunden er vel nok, at man slet ikke læste alle rejselederrapporterne.

Det var for dårligt. Jeg ville da gerne have haft et skulderklap.

Nu fik jeg noget bedre. På en af rejserne mødte jeg Hanne.

Hende har jeg siden fejret guldbryllup med.

Kapitel 4

Indien, Afghanistan, Nepal og Sri Lanka.

Det var i august 1967, jeg mødte Hanne. Hun kørte også for DSB tours, men sidste år havde hun sammen med en fransk ven kørt til Afghanistan i en Citroën 2CV. En spændende tur, og jeg var meget misundelig.

Vi var begyndt at komme sammen, og vi talte meget om lange rejser. Det var ikke svært, at få Hanne med på en rejse østpå igen. Det skulle så foregå lidt mere komfortabelt – vi ville køre i et folkevognsrugbrød. Her kunne vi også overnatte.

Vi havde begge penge til en sådan rejse. Vi havde arbejdet som rejseledere, og jeg havde i flere år haft et velbetalt job på Berlingske Tidende, hvor jeg natten mellem lørdag og søndag slæbte aviser ud på lastbiler. Betalingen for natarbejde søndag var rigtig god, og jeg havde fået lagt mange penge til side. Vi boede begge hjemme, og havde ingen udgifter til kost og logi.

Rejsen skulle så foregå i 1968, hvor jeg ville være færdig som folkeskolelærer. Hanne ville holde en pause i sit franskstudie på universitetet.

Indtil afgang skulle vi indhente visa, til mange af de lande vi ville besøge. Oprindelig havde vi en plan om at køre jorden rundt, dvs. vi blev jo nødt til at sejle over Stillehavet og Atlanterhavet. Men det løb ret hurtigt ind i problemer. Til Indien gik det fint, men derefter var der problemer med Burma (Myanmar). Ingen adgang for turister.

Det problem panglede vi længe med, men til sidst opgav vi den lange tur og besluttede os for, at vi også ville få store oplevelser med Tyrkiet, Persien (Iran), Afghanistan, Pakistan, Indien, Nepal og Ceylon (Sri Lanka).

Og vi skulle have fundet en bil. Gerne et folkevognsrugbrød der allerede var ombygget. Det lykkedes. Vi fandt en dejlig folkevogn. Den tidligere ejer havde virkelig haft hænderne skruet godt på, og bilen var perfekt. Om dagen var kabinen indrettet med et bord og 2 bænke. Under den ene bænk var der en vandbeholder - en ståltank til 40 liter. Der var køkken med komfur. Om natten blev bordet sænket, og sammen med bænkene havde vi en perfekt dobbeltseng.

Bilen kostede 15.000 kr. (svarer til 150.000 kr. i 2025). Og det kunne vi klare.

På sådan en tur skal man kunne fremvise et Carnet de Passage en Douane. Det drejer sig om et tolddokument, der skulle overbevise de forskellige lande man passerede, om, at man ikke havde til hensigt at sælge bilen. For at få tolddokumentet, skulle man erlægge bilens værdi i depot som sikkerhed.

Vi skulle altså af med yderligere 15.000 kr., og det kunne vi ikke.

Så fik vi den idé at meddele, at bilens værdi var 5.000 kr. Så skulle vi kun stille med 5.000 kr. til Carnet de Passage en Douane. Og det lykkedes.

Vores gode bil

I august 1968 var vi klar. Min eksamen var overstået, og de sidste penge som rejseleder og avis-slæber var tjent.

Vi kørte sydpå. I Tyskland var vi tæt på Tjekkoslovakiet, hvor der aktuelt var uro, da tjekkoslovakkerne kæmpede for deres frihed af den sovjetiske omklamring. Det føltes ikke på de tyske motorveje, men det var en anspændt situation.

I Østrig blev vi på togvogn kørt gennem Tauerntunnellen, og derefter var det Titos Jugoslavien. Mellem Zagreb og Beograd var der en moderne motortrafikvej, så her gik det strygende.

Vi nærmede os Bulgarien, og vi havde hørt, at vi ikke kunne få visa før grænsen. Her skulle vi til gengæld betale for det, og det syntes vi var noget mærkeligt optrækkeri. Vi tænkte derfor, at vi ikke ville bidrage med flere penge til den bulgarske statskasse og sørgede for, at bilen var fyldt op med benzin inden grænsen, hvorefter vi kørte gennem Bulgarien uden stop. Så var vi i Tyrkiet.

Ret hurtigt var vi også i Istanbul. I Istanbul er der nogle store og imponerende moskeer og andre spændende bygninger, men dem havde vi ikke øje for. Det vigtigste for os var at få vekslet penge, og det skulle gøres 'sort', for ellers var man dum.

Det lykkedes, og inden længe var vi på en færge, der fragtede os over Bosporusstrædet til bydelen Usküdar. Nu var vi i Asien.

Hanne havde jo været her før, og hun kunne huske, at man fik meget bjergkørsel, hvis man kørte midt gennem landet og passerede Ankara. Derfor blev vi nordpå og kørte et langt stykke mellem Samsun og Trabzon ved Sortehavets kyst. Bønderne her dyrkede hasselnødder, som de lagde til tørre på vejen. Det gjorde ikke noget, der var kun lidt trafik, og vi kunne sno os udenom. Jeg benyttede lejligheden til en frisk dukkert i havet.

Inden vi kom til Persien (Iran) så vi bjerget Ararat. Flot og sneklædt. Det fik os til at tænke på historierne fra Det gamle Testamente, der fortæller om en voldsom regn, der til sidst oversvømmede hele verden. Kernen i den historie kan udmærket være, at Det sorte Hav en gang blot var en lille sø, der ikke som i dag var forbundet med Middelhavet ved Bosporusstrædet. Søen lå meget lavere end Middelhavet og Bosporusstrædet, men en dag brød vandmasserne igennem det sidste stykke land og oversvømmede store arealer i forbindelse med søen, så søen har fået den størrelse og facon vi kender i dag.

Men det blev Iran. Ved grænsen skulle jeg som sædvanlig udfylde en masse papirer og bl.a. angive 'fars navn'. Her skrev jeg altid Wladimir, for det mente jeg, at grænsevagterne bedre forstod end Valdemar. Det første vi så i Iran, var et vejskilt. Teksten var skrevet med det såkaldte persiske alfabet, som er komplet umulige for os andre at forstå. Men heldigvis var der nedenunder vejskiltets iranske tekst også skrevet med vores bogstaver: Tabriz. Afstanden 276 km ٢٧٦ stod både med 'deres' tal og vores kendte tal. Her var så den første lektion i at lære tallene, og det kom vi hurtigt efter.

٠	١	٢	٣	٤	٥	٦	٧	٨	٩
0	1	2	3	4	5	6	7	8	9

Next stop Teheran. På dette tidspunkt regerede shahen Persien. Kvinderne i Teheran bar ikke tørklæde og vi syntes, at tilværelsen blev levet rimelig afslappet.

Den sidste shah Mohammad Reza Pahlavi

Vi overvejede at køre til den hellige by Qom, der lå 150 km syd for Teheran. Den var meget vigtig for shiamuslimer i hele Persien, men måske lidt for fanatisk for os. Vi blev ikke længe i Teheran. Vi havde været glade i Tyrkiet for vores køretur langs kysten af Sortehavet, og nu ville vi også køre langs Det Kaspiske Hav. Det betød, at vores retning var øst. En anden mulighed var at køre mod sydøst direkte mod Pakistan. Det fravalgte vi, da vi var bange for megen varme, og for at vi ville komme for langt mod syd i forhold til Afghanistan.

Nu gik turen mod det Kaspiske hav, den østiranske by Mashhad og Afghanistan. Vi havde hørt, at befolkningen i Mashhad var ret uforsonlige med hensyn til deres religion, og vi var forberedte på at holde lav profil.

Det Kaspiske Hav skulle naturligvis testes med hensyn til saltindholdet. Og ja, det er salt men ikke mere end havvand.

Da vi nærmede os Mashhad, var det aften, og vi ville helst skjule os lidt, hvis nogen havde noget imod fremmede. Vi fandt et hul i en lang mur, et hul som bilen netop kunne liste sig gennem, og på den anden side var jorden uopdyrket, så der kunne vi vel nok overnatte.

Vi blev vækket af bonden, der ejede den jord, vi havde overnattet på. Vi forstod ikke ordene, han sagde, men meningen var tydelig nok. Vi skulle forlade hans jord. Det gjorde vi naturligvis, og vi var lettede over, at problemerne i Mashhad ikke var større.

Hanne fråser med vandet.

Der var nu ikke langt til Afghanistan og dens første by Herat. I 1968 var Afghanistan et kongedømme, og vi oplevede ikke de problemer, der i dag er med Taliban. Tværtimod mødte vi overalt venlighed, men også fattigdom. Vi indlogerede os på et hotel i Herat. Det var billigt, og det var dejligt at kunne få bad. Her i byen så vi en anden dansk bil, og vi fik en snak med ejeren Ole Bækgaard, der efter 5 års arbejde i Pakistan var på vej hjem. Vi spiste sammen, og han anbefalede os at besøge gode steder i Nordindien, og vi kunne med fordel besøge hans venner i Lahore, Pakistan, der kunne vi altid få et varmt bad.

Efter Herat kunne vi køre ad 3 ruter. Mod nordøst, mod øst eller mod sydøst. De to første ruter var elendige i kørekvalitet – grusveje og bjerge, men den sydlige rute var ret nyasfalteret i et samarbejde mellem Sovjetunionen og USA. Den valgte vi. Det blev en lang og smuk tur. Smuk, fordi vi kørte i halvørken og med flotte bjerge rundt omkring os, men ensomt og uden mennesker. Midt i det tomme landskab lå der pludselig et flot hotel. Vi var blevet fortalt, at det var bygget af russerne. Hvorfor vidste vi ikke, nu lå det forladt og tomt. Det virkede meget mærkeligt.

Kun sjældent så vi mindre lerklinede huse. Et enkelt sted var der lidt flere. Det var i Gereshk, der lå i en dal, der til forskel for omgivelserne var frodig. Som en langstrakt oase. Danmark kæmpede her mod Taliban 2002-2021.

Overalt blev vi fristet med frugt. Særligt vindruerne så gode ud, men Hanne advarede mod at spise dem, uden de var vasket grundigt først. Det endte jo med, at vi nød de flotte og velsmagende druer, efter vi havde skyllet dem.

Vi blev så syge. Vi havde brug for at være i nærheden af toilet hele tiden, og derfor indlogerede vi os i et hotel, da vi kom til Kabul. Efter et par dage var maven i orden igen, og rejsen gik videre. Nu mod Bamiyan hvor vi ville se de berømte Buddhastatuer. Det blev en tur ind i det indre af Afghanistan ad sandveje, der ofte delte sig i flere spor, men så til sidst alligevel samledes igen. Selve byen Bamiyan lå i en grøn og smuk dal, og statuerne var virkelig imponerende. De blev bortsprængt i 2001, efter at Taliban overtog magten i Afghanistan. Det var jo buddhastatuer og dermed afgudsstatuer for de troende muslimer.

Bamiyan med Buddha-statuen i baggrunden

Bamiyan

Efter Bamiyan fortsatte vi vestpå – dybere ind mod midten af Afghanistan. Sandveje og langsom kørsel, men vi blev fyrstelig belønnet, da vi kom frem til Band-e Amir. Vi var 3000 m over havets overflade, og landskabet, søen og omgivelserne var fantastiske.

På vej mod Band-e Amir

Her var vi alene. Der var ingen andre, der var stille og vandet i søen var fuldstændig rent. Vi kunne se 15-20 meter ned til bunden. En stor oplevelse.

I dag er området nationalpark. Der er udlejningsbåde, hotel, og der er skæg og ballade.

Da vi kogte kartofler til aftensmad, blev de ved med at være hårde, selv om de havde kogt i 20 minutter. Men med højden falder vands kogepunkt, og så må man give kartoflerne den tid, de har brug for.

Søen befinder sig øverst. Meget usædvanligt.

Vi forlod Band-e Amir og kørte i første omgang tilbage til Kabul. Herfra gik det mod Pakistan. Inden grænsen passerede vi byen Jalalabad. Selve grænsen ligger i Khyberpasset, der er berømt og berygtet. Berømt, fordi det er stedet, hvor mange, der har villet invadere Afghanistan, er kommet igennem, og berygtet fordi der stadig foregår overfald efter mørkets frembrud. Vi var der sidst på eftermiddagen.

I Peshawar fandt vi et hotel med bad. Pris 2 kr. for hver. Husk der skal ganges med 10 for at få nutids købekraft. Altså et hotelværelse for 40 kr. (2025).

Lidt vådt var det af og til.

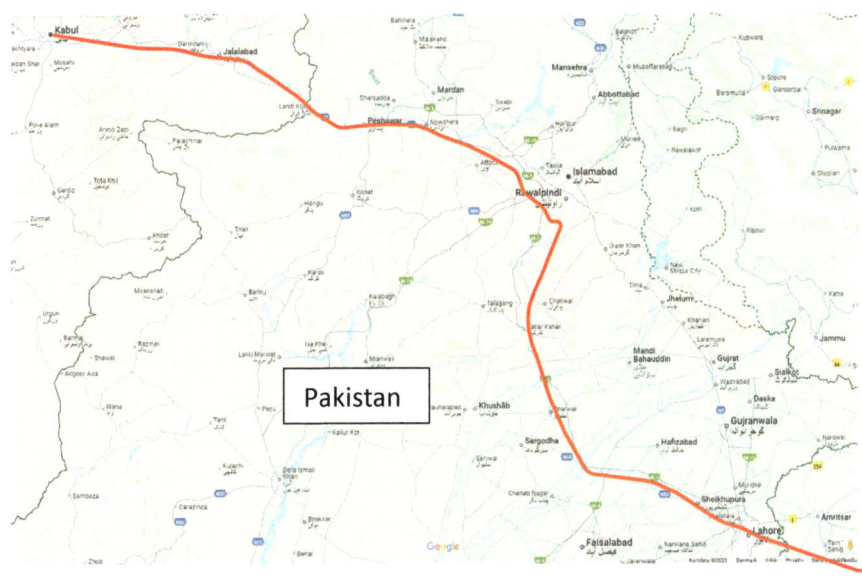

Vi var på vej til Lahore ved den Indiske grænse. Her skulle vi besøge et danske ægtepar, der havde boet i Pakistan i flere år som udsendte af Danmark. Vi blev vidende om de forhold, man som udsendt 'ekspert' levede under. Man havde flere tjenestefolk til daglig til det huslige. Derudover en skrædder der kom hver onsdag. Man talte afmålt til tjenestefolkene. I bydeform. Vi sagde ikke noget, men de vidste godt selv, at det var en tone, vi var fremmede over for. De forklarede sig med, at det måtte man vænne sig til her, det forventede de ansatte, og en mere imødekommende tone ville bringe hele husførelsen i fare.

Vi vænnede os til gekkoerne, der bevægede sig hen over loftet, men de faldt aldrig ned i vores seng.

Noget andet, vi aldrig vænnede os til, var vejene. Vi var kommet til den del af verden, hvor man, som i Storbrittanien, kører i venstre side. Vejene var smalle, og to biler kunne ikke passere hinanden.

71

Det ideelle var så, at begge biler kørte med venstre-hjulene i rabatten, men rabatten var meget dårlig, så man måtte ned i 5 km/timen, og det ville de større biler ikke, så de blev på vejen. Vi måtte så bremse helt ned og køre ud med hele bilen. Flere gange så vi hvad resultatet var, når 2 lastbiler ikke ville give sig, med det ubehagelige resultat, at de bragede frontalt sammen. Der var ofte lastbilvrag i begge vejsider.

Efter højlandet Afghanistan var vi kommet til lavlandet Pakistan, og det kunne mærkes på temperaturen. Det var varmt, mellem 37^0 og 39^0, og der var ingen airkondition i vores 60'er folkevogn. Jeg var begyndt at få røde knopper på fødderne, det kløede og var ret generende. Heldigvis kunne jeg få oplyst, at det var varmens skyld. Jeg led under noget, der kaldtes Prickly Heat. Det var ikke farligt, og det ville forsvinde af sig selv.

I Ambala lærte vi *Rest Houses* at kende. Indien var jo britisk koloni ind til 1947. Rest Houses blev bygget for at huse de britiske inspektører, når de var på besøg rundt i landet. Husene var der endnu, og vi var velkomne til at benytte dem. Der var en opsynsmand, og alt var normalt pænt og ordentligt med engelske møbler i dagligstuen. Vi betalte utrolig lidt for at overnatte, så overalt i Indien benyttede vi Rest Houses.

Næste stop var New Delhi. Vi søgte en campingplads i byens sydlige udkant, og det lykkedes også at finde den. Den var ussel. Hverken baderum, toilet eller andre faciliteter. Og dog. Der var en vandboring, der pumpede vand op i en 10 cm tyk stråle, der i første omgang blev opsamlet i et kar med facon af et badekar. Der blev vi afkølet, og det var vores redning mod varmen.

Toilettet var ganske åbent i pladsens ene hjørne. Man satte sig bare på hug. Vi var ikke alene, der var 2 engelske par på pladsen. En dag kunne de fortælle, at de havde set en stor slange i toilet-hjørnet. Så skulle vi ikke på toilettet mere.

Vi orkede ikke så meget i varmen, men vi skulle dog på Nepals ambassade for at få visum til Nepal. Ingen problemer med det.

Her følger et uddrag af min dagbog, skrevet i Ambala, vores første by i Indien.

Ambala, Indien   lørdag d. 21.9. 1968

Den nat i bilen var forfærdelig. Vi lå splitternøgne ovenpå dynerne, døren stod på vid gab og vi havde det alligevel så varmt at i hvert fald min dyne var våd hvor jeg havde ligget. Det lovede ikke godt for de kommende måneder, men vi blev beroliget med, at om 6 uger vil vejret blive noget køligere. Temperaturen er i disse dage mellem 37 og 39°. Om formiddagen gav Bjørn (vor danske vært) mig en pakistaner, der er ansat på hans kontor som all-round hjælp for danskerne, med som guide ind til byen for at få mig skaffet en tilladelse til at tage fra Pakistan til Indien. Uden ham havde det taget en dag - nu røg jeg gennem 5-6 kontorer på en times, så var det ordnet. Derefter førte han mig til Lahores største boghandel, men de havde ingen guides - ellers et stort udvalg. Endelig sluttede vi på apoteket for at købe

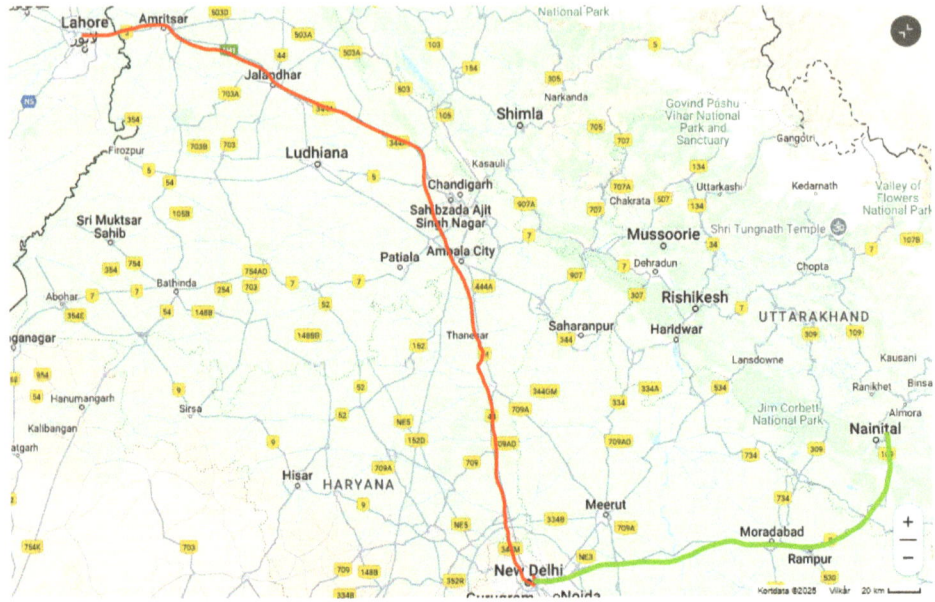

Efter et par dage kørte vi så op til Nainital, der er en kølig lille by
højt oppe i bjergene. Her fik vi en 5-værelses super lejlighed for
4,50 kr./dag. Vi blev 4 dage i Nainital. En af dagene blev vi overtalt
til at ride yderligere 700 m opad på hesteryg. Det var ikke farligt,
blev vi overbeviste om. Bag hesten gik en inder og holdt den i
halen. Og den havde prøvet det før. Vi endte oppe i udsigtspunktet
Cheepa Peek i 2600 meters højde, hvorfra vi kunne se det
sneklædte Himalaya 200 km væk. Vi gik ned.

Inderne var tossede med at blive fotograferet med os. Her på Cheepa Peak

Efter Nainital ville vi mod Nepal, der jo også er bjergrigt, og dermed køligere. Først skulle vi ned fra højderne, og der blev det varmt igen. Indtil kl. 9.30 kunne vi holde det ud, derefter trillede sveden mig ned af bryst og ryg, selv om hele min påklædning bestod af underbukser og shorts. Hanne holder sig bedre, hun har en meget kort luftig kjole på, stropper over skuldrene, trusser, men ingen BH.

Undervejs så vi aber. Både de almindelige og marekatte færdedes ugenerte ved vejen. Store gribbeflokke så vi så nær som 2-3 m fra vejen, hvor de hakkede i et ådsel. Vi så kameler og vandbøfler. Køer var almindelige på vejene, de var en stor gene. Og der var masser af fugle, vadefugle så vel som rovfugle.

I Benares var der et virvar af cykelrickshaws, køer, bøfler og mennesker, så vi fandt os en parkeringsplads. Derefter fandt vi en cykelrickshaw, der bragte os ud til abetemplet.

Vi tog nu på sejltur på Ganges. En mindre robåd med kun Hanne og mig som passagerer. Vi så bedende mennesker, religiøse ceremonier ved vandet og til sidst lagde vi til ved ligbrændingspladsen. Der var næsten udbrændte bål, hvor kun ligets fødder var u-brændte tilbage.

Der var også klargjorte, endnu ikke tændte, bål, og der kom processioner med lig, hvor bærerne messede igen og igen, noget, der lød som: Ram naam.

Der bades i ganges-floden, og ens synder vaskes bort.

I Benares lader en maharaja sig hylde.

Gadebillede fra Katmandu, Nepal.

Vi brugte ikke mange penge, man af og til måtte vi jo veksle vores rejsechecks. I Benares ledte vi efter et vekselsted med god kurs og fandt frem til en meget venlig forretningsindehaver, der handlede med kunsthåndværk. Han kunne hjælpe os med de rigtige kontakter, og han tilbød os oven i købet frit ophold i et af hans 7 huse. Huse og huse, det var ikke meget mere end 4 stolper med tag dertil 2 senge, som var rammer med fletværk på toppen. Men i den varme var det godt nok.

Forretningsindehaveren havde en ung medhjælp, der hed Shankar, han hjalp os med at finde rundt. Om aftenen kunne vi deltage i den årlige lysfest, der kaldes Divali. De næste par dage hjalp Shankar os rundt i byen. Han viste os fabrikker, hvor arabiske kvinder vævede sarier 10 timer daglig til en dagløn på 1,50 kr. En vanskelig sari kunne tage ½-1 år at væve, men så var prisen også 600-750 kr. En sari fra Benares var eftertragtet.

Efter Benares skulle vi via Patna til Nepal. Shankar spurgte høfligt (han var altid meget høflig), om han måtte komme med. Han havde aldrig været i Nepal.

Det måtte han gerne, det var jo også rart at have en tolk med, og det sprog, man bruger i Nepal ligner lidt Shankars hindi-sprog.

Shankar kom frem med en idé. I Nepal skulle vi købe sølv- og guldtråde, som der bruges meget af i sarier. Problemet er, at de er belagt med en ikke uvæsentlig told. Indere skal betale denne told, når de indfører trådene, udlændingene skal ikke. Sagde Shankar.

Hvis vi købte trådene i Katmandu, ville Shankar hjælpe med at få dem solgt i Benares med god fortjeneste.

Efter vi havde tænkt over det et par dage, slog vi til. Vi skulle have vekslet en del rejsechecks, for det var dyrt. Der var ingen banker, hvor det kunne lade sig gøre, men vi fandt et par mennesker i en mørk bygning, der efter at have hørt os og set os, alligevel turde indløse vores rejsechecks.

I Katmandu boede vi i et slags vandrehjem, der var befolket af alle mulige europæiske eksistenser. Vi forestillede os, at de fleste af dem var på stoffer, men vi vidste det ikke. På en opslagstavle kunne vi se, at der blev tilbudt plads i et mindre fly, der fløj rundt om Mount Everest. Det var naturligvis fristende – men dyrt.

Så købte vi vores guld- og sølvtråde. 3.800 kr. (husk at gange med 10). Vi havde en forventning om at tjene 1500 kr. på handlen, hvis alt gik godt.

På markedet købte vi forskellige souvenir ting bl.a. denne gurkhakniv.

Vi havde vores guld- og sølvtråde på plads i bilen, og nu gik turen mod Benares, hvor vi skulle se, om de kunne sælges. Men først skulle vi passere grænsen til Indien. Måske var det ikke helt rigtigt, hvad Shankar havde fortalt, om at udlændinge gerne måtte importere. Så vi var lidt nervøse.

Pas- og toldkontrol foregik i en bygning ved vejsiden. På 1.sal! Man skulle forbi et hvepsebo, men der var slet ingen kontrol. Blot stempler med OK. I Benares gik det også, som det skulle. Vi fik vores penge. Vi havde tjent. Nu fik vi bare et tilbud mere.

Planen var jo, at vi nu skulle mod syd til Ceylon (Sri Lanka), og så kunne Shankar fortælle, at kvinderne i Sri Lanka var helt ville med sarier fra Benares. De var flottere end andre, men dyrere, blandt andet fordi der var told på.

Hvis vi nu købte sarier her og solgte dem på Sri Lanka, kunne vi tjene igen. Vi tænkte naturligvis, at det var snedigt at lade os få held med den første transaktion blot for at snyde os så meget mere i den næste.

Men vi var endnu ikke blevet så desillusionerede på vegne af inderne, at vi alvorligt tænkte ilde om idéen, så vi slog til og købte 14 flotte sarier. Og så gik det sydpå.

En sari fra Benares/Varanasi

Shankar spurgte pænt og høfligt, om han måtte komme med, og da turen til Nepal var gået uden mindste problemer, sagde vi OK.

Vi skulle nu gennemkøre Indien fra nord til syd. Undervejs skulle vi se de største seværdigheder. Derfor lagde vi 1. dag ud med at køre til Panna. Herfra kunne vi dagen efter besøge Khajuraho, der er et berømt bygningskompleks med erotiske skulpturer. Om aftenen kunne vi vende tilbage til vores resthouse i Panna. Khajuraho viste sig da også fuldt ud at leve op til vores forventninger. Man kunne blive helt opstemt.

Et par dage efter besøgte vi en lejr med danske ulands frivillige. Det var unge fra Danmark, der ville hjælpe i Indien. De fik kost og logi og en motorcykel stillet til rådighed.

Vi blev inviteret til at spise aftensmad med dem. Der blev serveret dansk mad: kartofler i brun sovs med kødklumper i. Det var dejligt efter så lang tid at få dansk mad. Også Shankar spiste. Han kunne øjensynlig også godt lide dansk mad. Ingen fortalte ham, at det var oksekød vi spiste. Koen er jo hellig for inderne. Det er deres moder, og man spiser ikke sin mor.

Senere fik Shankar at vide, at han den aften fik oksekød, og det tog han helt roligt. Han var også kommet af sted for at opleve noget.

I Ajanta så vi nogle meget gamle huler. Hulerne, der var rigt udsmykket med vægmalerier og skulpturer, var fra det 2. årh. e.Kr. og de næstfølgende århundreder. Hulerne anses som mesterværker inden for buddhistisk arkitektur og kunst.

Ajanta

Vi havde tidligere haft vrøvl med bilens motor. Et tændrør havde rystet sig løs, og det var nødtørftigt repareret. 100 km nord for den sydindiske storby Bangalore meldte problemet sig igen.

Bilen kørte kun på 3 cylindre, og den lavede en infernalsk larm. Men motoren skulle repareres, og det mest velegnede sted var nok Bangalore, så vi listede os frem og fandt et værksted.

Den gang havde engelske biler eneret på salg i Indien, så der kørte ingen andre mærker. Heller ikke folkevogne, så reservedele blev bestilt i den portugisiske enklave Goa, der lå på vestkysten, og hvor der kørte masser af folkevogne. Men det blev ikke vores problem at ordne, for en indisk ingeniør hjalp os med det praktiske både med hensyn til bilen, men også med vores ophold i Bangalore.

Han hjalp os med af finde hotel og inviterede os til sin klub til middag. Vi fik et rigtig godt indtryk af Bangalore, der næsten virkede som en europæisk storby, med brede gader og parker. Blot var der en hulens masse myg.

Shankar

Allerede efter 3 dage var bilen repareret og klar til afgang. Sri Lanka var også tæt på, men vi havde erfaret en dårlig nyhed. Færgeforbindelsen mellem Indien og Sri Lanka var indstillet. Det var noget med vejret. Den eneste mulighed for os var at flyve. Der var daglige forbindelser mellem Trivandrum i Indien og Colombo på Sri Lanka, og vi fik booket 2 billetter. Shankar skulle blive i Trivandrum og passe på bilen.

Vi havde set frem til flyveturen, men det gik ikke godt. I flyet blev vi budt kaffe og te, men man kunne desværre ikke tilbyde cognac til kaffen. *We are out of stock*, lød beskeden. Vi prøvede derefter med whisky, men svaret var det samme *We are out of stock*.

Men det var ikke det værste. Pludselig meddeler Hanne, at hun havde glemt sit vaccinationsbevis i bilen i Trivandrum. Måske fik vi ikke lov til at forlade flyet men måtte flyve tilbage.

Det var en ganske kort flyvetur, og Hanne stod ret hurtigt over for en sundhedsansvarlig i Colombo lufthavn. Det tog sin tid, og imens ventede alle passagererne på hende. Vi skulle alle med en lufthavnsbus ind til byen, og bussen kørte ikke, før alle var parate. Imens blev alle toldefterset. Det foregik på den måde, at man fandt sin bagage, der var blevet anbragt midt på gulvet i ankomsthallen, hvorefter man udvekslede et par ord med en tolder. Da Hanne var færdig med sin vaccinationssnak, stod der kun hendes kuffert – den med alle sarierne, der skulle sælges – tilbage. Men nu var der heldigvis ikke længere tid til toldeftersyn.

Vi indlogerede os i et hotel i Colombo. Dejligt badeværelse med god bruser. Det havde vi også god brug for, for vi svedte og havde det rigtigt varmt. Vi var nu meget tæt på Ækvator.

Men Hanne skulle have sin vaccination og forlod mig. Jeg ventede og ventede, men til sidst dukkede hun op. Alt klaret og i orden. Hun følte sig dog alligevel lidt dårlig, og hun lagde sig lidt på sengen i værelset. Imens gik jeg en tur med sarikufferten. Jeg fandt det område, hvor man handlede sarier. Bankede på en forretningsdør og viste mine varer frem. Jeg var kun interesseret i at sælge det hele på én gang, men det var køberne ikke interesseret i. Måske fordi de ikke lå inde med så mange penge. Så jeg bankede på hos naboen. Med samme nedslående resultat. Den første dag måtte jeg vende hjem uden at have fået solgt noget.

Det gik på samme måde næste dag. Hanne var lidt dårlig og blev hjemme, og jeg gik fra forretning til forretning. Uden resultat.

Hanne havde det bedre næste dag, så vi gik en tur på havnen. Ud ad en lang mole. Der stor et køretøj og nogle mennesker længst ude på molen, og de stod og smed store 0,75 liter fyldte ølflasker ned på mole-stenene. Al den dejlige øl gik fuldstændig til spilde. En af mændene var øjensynlig ham, der bestemte, og vi spurgte, hvorfor de smadrede de dejlige øl.

Det er øl, der er beslaglagt hos nogle kriminelle, var svaret.

Jamen hvorfor afholder I så ikke bare en auktion over øllerne.

Hvis vi gør det, vil byderne med det samme være enige om ikke at byde ret meget. Det ville slet ikke kunne betale sig.

Så var det, jeg fik en genial idé: Må vi ikke hjælpe med at tømme 2 øl? Det fik vi med et smil lov til.

Næste dag var jeg igen på salgsturné. Uden resultat.

Men 5. dag var der interesse. En af de handlende ville gerne købe, og han kunne betale med engelske pund. Superfint.

Senere på dagen, hvor vi opholdt os på en havnerestaurant, mødte vi et par danske søfolk. Vi talte om dansk mad, som vi af og til savnede, og de inviterede os ud på deres skib, der lå på reden, der fik man dansk mad hver dag. Det tilbud tog vi med glæde imod.

Nu havde vi opholdt os på Sri Lanka i en uge, og vi havde ikke set nogle af de smukke byer, som andre turister besøger. Det var der ikke noget at gøre ved. Vi havde satset penge på sølv- og guldtråde til sarier, og vi havde satset på salg af sarier på Sri Lanka, og det hele var lykkedes. Vores økonomiske udbytte ved sarisalget kunne netop dække de 2 retur-flybilletter, vi havde måttet købe. Vi var rimelig tilfredse, og nu gik turen nordpå igen.

Først ville vi til Bombay/Mumbai. Under hele den engelske kolonisering af Indien var det her, de engelske skibe anløb.

Til minde om den store skibstrafik har man bygget mindesmærket Gateway of India.

Her i 1968 var det en kæmpe by med brede 4-5 sporede veje. Der lå masser af folk og sov på gaderne, og der var liv overalt.

Men menneskemylderet inviterede ikke til længere tids ophold, så vi kørte videre mod Agra og Taj Mahal.

Gateway of India

Taj Mahal er absolut et af de mest gennemfotograferede steder i Indien. Det ligger i byen Agra, og blev bygget af Shah Jahan til dennes kone Arjumand Bano Begum (ofte kendt under det persiske navn Mumtaz Mahal, som betyder "paladsets lys"), og som døde i 1631 i barselsseng. Billedet til venstre viser indgangsporten.

Taj Mahal

Vi ankom til New Delhi d. 21. november, og klimaet havde ændret sig til det køligere. Undervejs havde jeg tændt lidt for varmen i bilen, og det forskrækkede Shankar. Hot water is coming, udbrød han. Det var nu bare varm luft.

Shankar forlod os i New Delhi og tog toget hjem til Benares. Efter New Delhi satte vi næsen hjemad, i første omgang til Pakistan.

Der er altid plads til én til, og man behøver ikke bruge Rexona.

I Lahore besøgte vi danskerne, som vi havde lært at kende på udrejsen, og det var dejligt, at møde det danske køkken igen. Vi tillod os at blive 2 nætter, for os hastede det ikke, men så gik det mod Afghanistan igen.

Denne gang så vi Khyberpasset fra den modsatte side:

Khyber passet

Det blev også til et gensyn med Kabul, Afghanistan, men næste dag kørte vi kun en kort dagsmarch. Vi stoppede i Ghazni. Her fik vi en dejlig aftensmad, som vi har værdsat siden. Chicken Fried Rice. Jeg har ikke billeder fra restauranten i Ghazni, men sådan ser det ud. Tilberedt af Hanne februar 2025.

Dagen efter, d. 30. november fik vi en mærkelig melding. Det ville være farligt at begive sig ud på Afghanistans fine vej, for der var et racerløb i gang. London Sydney Marathon 1968. Vi mente, at der også burde være plads for os på den fint asfalterede vej, så vi kørte af sted.

Vi så ikke noget racerløb.

Men den gode vej sluttede i Herat ved grænsen til Iran.

Mens vi kørte, havde vi haft tid til at tale om fremtiden. Når vi kom hjem, skulle jeg have et job, jeg var jo nyuddannet lærer, og Hanne skulle ikke bo for langt væk i forhold til Københavns Universitet. Hun skulle jo gøre sin franskuddannelse færdig. Derfor skrev jeg til en god seminariekammerat, om han ikke kunne holde øje med stillingsannoncerne i *Folkeskolen*, der er medlemsblad for lærere.

Det gjorde han på bedste vis. Han formidlede kontakt mellem mig og Vor Frue skole (4 km syd for Roskilde). Der var en stilling ledig med tilhørende lærerbolig fra 15. januar. Den accepterede jeg, og vi havde ikke længere noget boligproblem. Jeg ville kunne gå til skole på få minutter, og Hanne kunne cykle til Roskilde station på et kvarter, og nå til København ½ time senere.

Vi boede 4½ år i Vor Frue.

Vor Frue skole

Vi havde besluttet os for at køre samme vej hjem som vi havde gjort på udturen. Det betød, at vi skulle have en overnatning i Mashhad, og det gik også denne gang fint.

Nu var det slut med den gode vej. Vi kørte på grusveje, som vind og vejr havde gjort riflede eller bølgeformede. Det var som at køre på store vaskebrætter. Vi kørte derfor rimelig afdæmpede i hastighed. Nogle havde sagt, at man kunne vælge at køre rigtig stærkt, så ville man kun have kontakt med bølgetoppene. Vi havde prøvet, men det havde vi fravalgt. Vores hastighed var rimelig lav.

Der var ikke meget trafik på vejen. På et tidspunkt, kunne vi se, at to lastbiler længere fremme var ved at passere hinanden. Det gik langsomt, og vi nærmede os. For sent opdagede vi, at de ikke var ved at passere hinanden, men de var ved at samtale. De holdt stille og fyldte hele vejens bredde.

Jeg bremsede. Bilen kurede fremad i vejens grus, og langsomt men sikkert skred vi op i lastbilen. Hastigheden har sikkert kun været 5-6 km/t, derfor fik vi kun materiel skade. Vi forestillede os, hvor slemt det kunne være gået med højere hastighed. Et folkevognsrugbrød har intet foran til at tage det første slag. Motoren ligger bagest.

De to forruder var væk, og fronten havde vi i skødet. Dørene og pedalerne virkede, og jeg havde den eneste personskade, da en glaskant havde ridset mig i hånden. Det kunne et plaster klare.

Et problem var, at vi ikke kunne kommunikere med de 2 chauffører. De talte kun farsi eller persisk, men vi forstod dog så meget, at de ville hjælpe os ved at føre os til engelsklæreren ved skolen i den nærliggende by Bojnurd.

Det var en udmærket lærer, og vi talte godt sammen. Det var åbenbart et kæmpe problem, at de 2 chauffører ikke bare følte sig skyldige, men også mente, at de ville blive meget hårdt straffet.

Noget andet var bilen. Den kunne godt køre, men chaufføren ville være udsat foran uden beskyttelse mod den kølige vind. Vi var kommet ind i december måned, og det var slut med sommervarmen.

Men bilen måtte repareres, og det kunne kun ske i Teheran. 740 km i vinterkulde.

Bojnurd

Vi havde ikke tilstrækkeligt vintertøj med, så vi fik en ordning med en lokal mand, der gerne ville være chauffør på vores bil. Så kunne Hanne og jeg opholde os i kabinen bagest i bilen.

Da det blev afgang, og chaufføren mødte op, så vi, at han ikke havde særligt vintertøj på. Han lånte et par store skindluffer af os, og så måtte vi håbe, at han ville klare opgaven.

Vi kørte ikke til Teheran i et stræk, men gjorde et ophold i Gorgan. Næste dag var det så Teheran. Vi betalte, takkede vores chauffør og fandt et hotel. Dagen efter fandt vi også et autoværksted, der påtog sig opgaven at få fronten gjort pæn igen.

Værkføreren på værkstedet anbefalede os at tilse bilen hver dag. Endvidere ville det være klogt at tømme bilen for bagage. Det syntes vi var uoverkommeligt, så vi nøjedes med de daglige besøg.

At værkføreren var en fornuftig mand, viste sig, da vi senere kunne konstatere, at et par souvenirting manglede. Bl.a. en sari.

Det blev et længere ophold i Teheran. 11 dage, men så oplevede vi også det pulserende byliv, der på mange måder kunne sammenlignes med europæiske storbyer.

Vi forlod Teheran d. 16. december og begyndte at drømme om jul i Danmark. Men der var langt, og det var vinter – især kunne vi være urolige for vejene i Tyrkiet.

Hjemrejsen. Indien – Danmark

Den iransk-tyrkiske grænseby Bazargan markerede starten på egentlig vinterbjergkørsel. Som ved udrejsen holdt vi os i nærheden af Sortehavet, men der var sne og frostproblemer alle steder. Da vi efter en lang dags kørsel langsomt kørte ind i Erzurum, var det gået rimelig godt, men jeg blev lidt forskrækket, da jeg opdagede, at vores forhjul kun kunne drejes ganske lidt, da hjulkasserne var fyldte med is.

Undervejs så vi igen Ararat. Denne gang med meget sne.

I Trabzon ved Sortehavet var det varmt og godt, og vi kom uden problemer til Istanbul. Undervejs havde vi vekslet penge på det sorte marked utallige steder, og vi havde fået en vis erfaring, men i Istanbul gik det galt.

Vi havde aftalt kursen, en god kurs for os. Vi havde købt 100 Lira, 10 10-lirasedler, og mens sælger talte sedlerne op, var han dårligt ophørt med at tælle, da han opdagede politikontrol. Han pakkede lynhurtigt sammen og forsvandt. Vi havde set, at der var tale om 10 sedler, men da vi i fred og ro talte efter, var der kun 6. Den kloge narrer den mindre kloge.

Ararat

Men nu var vi i Europa, så klarede vi nok, at vi ikke ville kunne nå hjem til jul.

Først skulle vi gennem Bulgarien og Jugoslavien og det måtte gerne gå hurtigt, for efter Jugoslavien ville vi finde et hotel i Italiens nordøstlige hjørne. I Vesteuropa.

Det blev byen Tarvisio. Det var d. 23. december og alt var ledigt. Vi kunne godt overnatte i

Så blev der vin til maden

nat, blev vi fortalt, men i morgen er det juleaften, og da har personalet fri til at være sammen med deres familier. Hed det sig. Vi lovede højt og helligt, at vi ville rejse efter morgenmad.

Og så gik det nordpå. Vi havde opgivet at nå hjem på én dag, og da det blev aften, befandt vi os lidt nord for Würzburg på en rasteplads.

Nu var det jo juleaften, og vi ville ikke spare ved rasteplads-restauranten. Vi var ret alene i restauranten, og der var ikke noget menukort, men de kunne servere en ret, som vi ikke kendte: Flæskesteg med kartoffelknödel. Især kartoffelknödelen var slem.

Det blev den mest forfærdelige juleaftensmenu, vi har haft til dato. Det var rart at liste ud af restauranten og putte sig i bilens dyner og tæpper. Frostvejr var det jo.

Det blev den sidste nat i bilen. Næste og sidste dag ville vi først køre hjem til mine forældre i Hvidovre og fortælle lidt om vores oplevelser. Derefter ville vi køre til Hannes forældre i Humlebæk.

Turen mod Puttgarden forløb fint, der var ikke megen trafik. Overfarten gik også fint, der var ikke mange rejsende. Vi kørte fra færgen og skulle toldefterses. Nu blev jeg nervøs. Hvis tolderne tænkte, at vi var som alle de hippier, der kom fra Østen, vil de tro, at vi havde uanede mængder af hash gemt alle steder i bilen.

Der var kun enkelte andre biler med, og de ikke havde toldernes interesse, så de kunne helt hellige sig arbejdet med os. De kikkede ind i bilen og spurgte om flere ting.

Så spurgte Hanne, om hun måtte låne deres telefon for at ringe hjem til sine forældre. Vi havde jo ikke talt med vores forældre ½ år. (Mobiltelefonen var ikke opfundet til almindelig brug i 1968).

Og jeg ville også gerne telefonere til mine forældre.

Det var måske ikke lige den holdning, tolderne havde forventet af hippier.

På et tidspunkt pegede tolderen på et af sæderne.

Hvad gemmer sig derunder spurgte han.

Åh nej, svarede jeg, der er en 40 liter vandtank. Den har vi aldrig haft ude. Det kan hurtigt blive en meget stor opgave.

Og med ét sænkede julefreden sig over toldkontoret i Rødby.

Velkommen hjem lød det fra tolderne.

Vi var godkendt.

ı

Portræt af forfatteren:

Ib Molbech er vokset op i Valby. Efter skolen valgte han at blive lærer og læste på Frederiksberg Seminarium.

Efter lange knallertekspeditoner som teenager, med gode rejseerfaringer, valgte han at blive guide hos DSB Tours. Det var hans studiejob, og på en tur til Spanien som togguide mødte han sin kæreste, Hanne.

Efter endt studie og en periode i Roskilde valgte de at flytte til Nordjylland.

Hanne fik job som adjunkt på Brønderslev Gymnasium, og Ib fik lærerjobs, først på Vodskov Skole og senere på Den smukke gamle Grindsted Skole i Hammer Bakker. De købte hus i Grindsted, med smuk udsigt til bøgeskov og dejlige bakker.

Ib Molbech har ud over undervisningsmaterialer mest skrevet om slægtsforskning, og har udgivet en omfattende slægtsbog for slægten Molbech, som er vidt forgrenet.

Senere var Ib ansat på Aalborg Handelsskoles kursusafdeling til bl.a. kurser i IT.

Ungdommens smag fornægter sig ikke! Ib og Hanne tager tit på ferie med DSB Seniorrail, gerne til steder, hvor der er smukke bjergbaner.